A Terapia do Riso

A Cura pela Alegria

DR. EDUARDO LAMBERT

Ilustrações de
João Alves da Silva

A Terapia do Riso

A Cura pela Alegria

Editora
Pensamento
SÃO PAULO

1ª edição 1999.

8ª reimpressão 2013.

Dados Internacionais de Catalogação na Publicação (CIP)
(Câmara Brasileira do Livro, SP, Brasil)

Lambert, Eduardo
A terapia do riso : a cura pela alegria / Eduardo Lambert ; ilustrações de João Alves da Silva. — São Paulo : Pensamento, 2013.

8ª reimpr. da 1. ed. de 1999.
ISBN 978-85-315-1125-7
1. Riso — Uso terapêutico I. Silva, João Alves da. II. Título.

13-01439 CDD-152.384

Índices para catálogo sistemático:
1. Risoterapia 152.384
2. Terapia do riso 152.384

Direitos reservados
EDITORA PENSAMENTO-CULTRIX LTDA.
Rua Dr. Mário Vicente, 368 - 04270-000 - São Paulo - SP
Fone: (11) 2066-9000 - Fax: (11) 2066-9008
E-mail: atendimento@editorapensamento.com.br
http://www.editorapensamento.com.br
Foi feito o depósito legal.

Homenagem

Dedico este livro
ao dr. Hunter "Patch" Adams,
aos nossos "Doutores da Alegria",
a todos os humoristas, a todas as pessoas
que despertam a alegria e o bom humor,
e a todas as pessoas que almejam
a alegria, a felicidade e a cura.

"Aquele cuja fisionomia ganha pelo sorriso,
sem que o riso o prejudique;
aquele que sem querer parece sorrir graciosamente
e cujo silêncio espalha ao seu redor uma confiante
serenidade; aquele cujo sorriso mais espiritual
e cujo riso mais franco
jamais revelam desdém nem fria ironia;
aquele, enfim, que sorri docemente,
com a alegria da inocência,
ao elogio de um mérito incontestável,
esse é o homem em cuja fisionomia reinará a
mais perfeita harmonia, bem como a expressão
mais verdadeira de caráter nobre."

Lavater

Sumário

Introdução

Diante da vida de hoje, cheia de injustiça social, desemprego, fome, miséria, repressões, pressões, dificuldades, problemas econômicos e *stress* a afetarem o ser humano e devido às regras, leis, tabus, preconceitos sociais, vícios, costumes rígidos, crenças, tradições e traumas transmitidos pela nossa educação familiar e social, as pessoas reagem com amargura, indignação, ansiedade, depressão, melancolia, medo, conflitos, pessimismo, raiva, mau humor, sofrimento e tristeza.

Ou seja, segundo a maioria, "a situação está triste". E esses estados afetivos e emocionais expressam-se no rosto das pes-

soas, que estão sempre estressadas, de "cara amarrada", com expressão "amarga", "azeda", "carregada", "carrancuda", com "cara de raiva", "cara de insatisfação", "cara de revolta", "cara de indignação", "cara de vítima", "cara de ódio" e até "cara de bobo".

Como mente e corpo estão interligados, esses estados emocionais negativos geram energia negativa, o que leva ao desequilíbrio da energia vital — à desarmonia interior — ocasionando um desequilíbrio psicossomático que, se não for cortado pela raiz, pode se somatizar no organismo, gerando muitas doenças.

Por ser difícil mudar esses fatores externos, descobrimos que a coisa acontece dentro de nós e depende da educação que recebemos em casa, da nossa formação, da nossa ótica, e que devemos partir para uma introspecção, uma reavaliação de nossos valores, visando uma "descontaminação", uma decodificação e um amplo descondicionamento de tantas mensagens "hereditárias" recebidas de fora — dos pais, dos parentes, das pessoas com quem convivemos, da sociedade — e introjetadas por nós como regras de comportamento, como hábitos, como punitivas "leis sociais", sintetizadas em expressões carregadas de pessimismo: "a vida é dura", "é sofrendo que se aprende", "a vida não é um mar de rosas", etc.

E quando perguntamos aos nossos pais o porquê desses conceitos familiares, eles nos dizem que receberam dos nossos avós, nossos avós dizem que aprenderam com nossos bisavós, que dizem vir dos tataravós...

Devemos realmente partir para uma revisão, um descondicionamento, uma reprogramação de vida, passando a cultivar novos valores, pensamentos, sentimentos e crenças. Tudo para que haja uma mudança interior, a reformulação dos nossos pensamentos e atitudes, para que vivamos com esperança, fé e coragem e possamos ter uma vida plena de alegria, bem-estar,

felicidade, prazer, tranquilidade, prosperidade, equilíbrio, saúde, paz e amor — o maior agente da cura.

Pode-se perceber que nesta introdução já começamos a sessão e o processo terapêutico, ou seja, o trabalho de cura que visa nos livrar do trauma de todo o nosso passado e de tudo o que nos leva à depressão, à melancolia, à insatisfação, a irrealizações, a frustrações, ao mau humor, à autodestruição, à tristeza e à infelicidade.

Foi por pensar em tudo isso que resolvi transformar em livro os nossos trabalhos, pesquisados e desenvolvidos na área da Terapia do Riso ou Terapia da Alegria ou Risoterapia — um descondicionamento de atitudes e hábitos perniciosos, arraigados em nossa personalidade desde tempos imemoriais, e que nos tolhem a liberdade, afetando nossa vida pessoal, familiar, profissional, social, planetária e universal.

Um Pouco de História

Hipócrates, o Pai da Medicina, no século IV a.C. já utilizava animações e brincadeiras na recuperação dos pacientes.

Darwin, pioneiro no estudo dos movimentos expressivos da comunicação não-verbal, classificou, em seu livro *A expressão das emoções no homem e nos animais*, de 1872, o sorriso e o riso entre os movimentos expressivos inatos e universais.

Freud, em seu trabalho *A Graça e suas Relações com o Inconsciente*, escrito em 1916, já afirmava que uma cena cômica e o riso dela decorrente melhoravam a saúde física e mental.

O médico norte-americano Hunter Adams, chamado de "Patch" Adams, vem utilizando com sucesso, desde a década de 60, o riso como agente de cura, um eficiente instrumento terapêutico que favorece a recuperação e a cura dos pacientes. E agora ele está partindo para a construção de um hospital beneficente que tratará enfermos de corpo e alma com a Risoterapia associada a outras Terapias Naturais.

Em 1987, Frans Alexander, do Instituto de Psicanálise de Chicago, concluiu em suas pesquisas que "o caráter liberador do riso é um meio de se extravasar as tensões e de se evitar as doenças psicossomáticas".

Na Alemanha, uma pesquisa feita pelo Departamento de Psicologia de Dusseldorf provou que "rir é tão bom para o organismo quanto praticar esportes".

Na França, Jeanne Louise Calment, falecida em 1997 aos 122 anos, afirmou que o segredo da longevidade é "sorrir sempre".

Na Índia, algumas empresas têm o costume de fazer com os funcionários uma "sessão de riso", antes de iniciar a jornada de trabalho. O resultado é um aumento considerável na produção, em decorrência do bem-estar emocional e físico dos trabalhadores.

Também na Índia, o guru Madham Katarla utiliza com sucesso o riso no tratamento do *stress* e, até o presente, já inspirou a criação de inúmeros Clubes do Riso nesse país.

No Brasil, inspirados no trabalho de Patch Adams, existem os "Doutores da Alegria", um grupo formado por atores que visitam os hospitais, transformando o dia-a-dia de pacientes--mirins em momentos de alegria e felicidade.

Portanto, está na hora de reunirmos pessoas de bom senso, pessoas bem-intencionadas e interessadas na "Risoterapia", e montar os Clubes do Riso, para irradiar a alegria e o afeto, assim como vem acontecendo na Índia, na França, nos EUA e na Alemanha.

E vamos todos despertar a alegria em nosso interior, exercitar o sorriso, para transmitir com ele as boas energias do amor, da atenção e do carinho, alegrando os corações. E vamos rir muito, porque rir é um santo remédio.

Conceituando e Explicando

Os dicionários de Português e de Psicologia trazem os seguintes conceitos:

Triste. Que tem mágoa ou aflição, abatido, aborrecido, aflito, infeliz, lastimoso, magoado, melancólico, que infunde tristeza.

Tristeza. Falta de alegria, aspecto revelador de mágoa ou aflição, consternação, desalento, infelicidade.

Infelicidade. Desdita, desgraça, infortúnio.

Infeliz. Desafortunado, desventurado, mal-realizado, triste.

Felicidade. Contentamento, êxito, ventura.

Feliz. Abençoado, afortunado, alegre, bendito, contente, ditoso, próspero, satisfeito, venturoso.

Alegria. Contentamento, júbilo, exaltação, satisfação.

Alegre. Contente, satisfeito, que sente alegria, que inspira alegria, que sente prazer de viver.

Alegrar. Contentar, tornar alegre, tornar contente, embelezar, aformosear, alindar.

Rir. Contrair os músculos da face em consequência da alegria, demonstrar alegria, mostrar-se alegre, manifestar-se pelo riso, ter um ar alegre e agradável.

Sorrir. Rir sem ruído, rir de leve, exprimir-se agradavelmente, mostrar-se alegre, alegrar-se.

Sorriso. Ato ou efeito de sorrir, movimento ou expressão de um rosto que sorri.

Riso. Ato ou efeito de rir, alegria, contentamento, satisfação.

Risada. Riso franco, estrepitoso.

Gargalhada. Risada franca, ruidosa e prolongada.

Viver. Existir, ter vida, estar com vida, dedicar-se intensamente, gozar a vida, desfrutar a vida.

A fisionomia de quem não tem o hábito de sorrir é sempre fechada, triste, séria...

Quando a pessoa sorri ou ri, ela fica muito mais bonita.

De um Pólo a Outro

A Tristeza e a Infelicidade ocupam um pólo, e denotam "falta de alegria", abatimento, desventura, mágoa, melancolia e pesar.

No outro pólo estão a Alegria e a Felicidade, que se relacionam com a beleza, o contentamento, a satisfação, a ventura e o prazer de desfrutar a vida, gozá-la e vivê-la plenamente.

Rir e Sorrir são gestos que demonstram e transmitem alegria, contentamento, satisfação; são um modo de nos expressarmos de forma agradável e exprimirmos nosso prazer de viver.

Viver não é sofrer. Estamos aqui para crescer, evoluir, realizar nossos sonhos e ser felizes. Viver significa fazer tudo o que é bom para nós, tudo o que nos dá alegria, felicidade e contentamento. E o interessante é que a alegria engloba todas as coisas boas da nossa vida, pois ela é o estado afetivo e emocional resultante da soma dos nossos pensamentos, dos sentimentos e emoções, dos nossos ideais e objetivos, das nossas ações e atitudes, dos nossos bons momentos e boas realizações.

A Tristeza, a Doença e a Saúde

Desde que nascemos, vivemos entre pólos extremos: nascimento e morte, feminino e masculino, amor e ódio, alegria e tristeza, saúde e doença...

De repente, do útero materno, onde reinava a paz, somos "forçados", entre contrações e puxões, a nascer em um meio ambiente de temperatura diferente, cheio de luzes, ruídos, poluição, etc.

Otto Rank, discípulo de Freud, chamou de trauma do nascimento a essa "expulsão do paraíso".

E, quando estamos fazendo a transição da respiração umbilical para a pulmonar, cortam-nos o cordão umbilical, o que pode causar um trauma respiratório.

Enfim, nascemos e já choramos; levamos até um tapinha no bumbum, e depois vamos para os braços da mamãe e dali para o berço.

Passamos a viver com toda a liberdade, espontaneidade e naturalidade.

Os anos vão se passando e surgem os "nãos", as proibições, as castrações, os preconceitos, os tabus, as regras, as leis, as limitações, as frustrações. Lá se vai, então, a nossa liberdade, a nossa alegria e felicidade de viver.

Em decorrência de tantas "neuroses", surgem as mágoas, o pesar, os medos, o ciúme, a ansiedade, a angústia, a raiva, o rancor, o mau humor e tudo o que nos chateia, entristece e nos deixa infelizes.

Resumindo: tudo o que acontece de bom nos dá alegria e tudo o que não é bom nos causa tristeza e infelicidade, o que pode enfraquecer as defesas do nosso corpo, deixando-nos predispostos a adoecer. Isso porque essas energias emocionais negativas podem se somatizar, acumulando-se em regiões mais suscetíveis, sob a forma de bloqueios, tensões e doenças.

Saúde e doença são pólos opostos.

Fixemo-nos na polaridade positiva, pois o que importa é ter qualidade de vida e saúde, que é sinônimo de bem-estar físico, mental e espiritual, com harmonia de funções corporais e emocionais, que nos permite viver com alegria, felicidade e prazer, de bem com a gente mesmo, com a natureza, com as pessoas, com as coisas, com o planeta, com o Universo.

Teoria da Alegria e do Riso

Muito antes da comunicação pelo toque, a comunicação é não-verbal, é gestual, e se faz através de um olhar ou de um sorriso, que é um aceno de paz e alegria.

Sorrir ou rir é agradável e faz bem. Tudo fica cor-de-rosa, porque o riso relaxa o corpo e a mente, fortalece as defesas orgânicas, melhora a circulação e a pressão arterial e libera "endorfinas", que promovem uma sensação de bem-estar geral. Enfim, rir é saudável.

A Risoterapia é uma terapia bilateral, que envolve a comunicação consigo mesmo e com o outro. É benéfica para quem dá e para quem recebe. É de graça e indicada para todas as pessoas de qualquer idade ou sexo. Quando sorrimos, fazemos bem até para os animais e para as plantas.

A expressão da alegria e do bom humor tem um caráter terapêutico, despertando inicialmente em nós e depois nos outros, principalmente nas pessoas necessitadas de uma injeção de otimismo, o bem-estar, o bom humor e a saúde.

Basta nos lembrarmos de como nos sentimos bem quando recebemos um sorriso amigo, um sorriso sincero.

Quando uma pessoa doente melhora, dizemos que "ela já está até sorrindo".

O simples fato de a pessoa ser alegre já faz com que ela transmita alegria. E existem muitos terapeutas do riso, que são as pessoas que irradiam alegria, seja sorrindo, rindo, contando piadas ou fazendo graça.

Portanto, vamos sorrir e rir espontânea e naturalmente, sempre que pudermos.

Indicações e Contra-indicações da Risoterapia

O sorriso e o riso terapêuticos são um aceno de paz, amor e alegria, indicados para nós mesmos e para pessoas de qualquer idade, sexo ou profissão. Servem para as pessoas tristes, feridas, ansiosas, amedrontadas, deprimidas, impacientes, irritadas, preocupadas, magoadas, mal-humoradas, chateadas, transtornadas, enfermas, e até para as pessoas alegres ficarem mais felizes.

Podemos sorrir a qualquer hora, em qualquer lugar. Entretanto, nesse jogo da comunicação não-verbal, é melhor nos assegurarmos de que o momento é propício ao riso ou sorriso, pois podemos estar na presença de pessoas para as quais é muito difícil sorrir, ou que acham que o sorriso tem conotação sexual, é uma invasão da privacidade, uma provocação ou deboche, ou até mesmo uma atitude ridícula.

Portanto, antes de sorrir para alguém, observe bem a outra pessoa, seus gestos, sua comunicação não-verbal e suas mensagens, para saber se é uma boa hora para usar o sorriso terapêutico.

Leve em conta o lugar e a situação e ofereça o sorriso e o riso na hora certa, quando eles exercerão um efeito curativo.

Chega de Mau Humor

Não é preciso ser como a hiena que ri à toa, nem como Hardy, a hiena pessimista do desenho animado, que só vive falando "Ó vida, ó céus, ó azar!"

O mal-humorado é uma pessoa em desequilíbrio, que tem problemas como culpas, frustrações, indignações, revoltas ou traumas e que inconscientemente sente-se bem em ser infeliz, em sofrer, em reclamar, em ser vítima, em ser um desmancha-

-prazeres, em semear o mal-humor, provocando uma verdadeira reação em cadeia por onde passa, contagiando negativamente as pessoas, simplesmente porque tem dificuldades relativas à afetividade. Dar e receber afeto, doar e receber amor, amar e ser amado e sorrir, para essas pessoas constituem um verdadeiro problema.

Elas merecem a nossa preocupação e um tratamento terapêutico adequado para melhorar sua autoestima.

Portanto, chega de negatividades. Vamos nos desvencilhar dos nossos defeitos, praticando o exercício das virtudes que lhes são opostas.

Colocando na Balança

Se analisarmos racionalmente o fiel da balança, com lógica, razão e sabedoria, concluiremos que, na natureza e no mundo, mesmo em nossa vida, existem mais fatos, lições e momentos bons do que ruins, e que mesmo das experiências negativas podemos tirar uma lição positiva. Só isso já nos deve fazer crer que a vida é boa, bela, gostosa de se viver, e que à nossa volta tudo está vivo, tudo é vida.

Conclusão: avaliando os efeitos que a tristeza e a alegria têm sobre a nossa vida, é fácil perceber que é bem melhor ser alegre do que triste. Então, vamos sorrir com mais frequência, pois dá menos trabalho que chorar, gasta-se menos energia sorrindo do que fazendo uma "cara amarrada", pois usamos um número bem menor de músculos faciais para rir do que para chorar. Basta observar a expressão do sorridente, a do carrancudo e a do chorão.

Vamos nos Organizar

Vamos pôr a vida em ordem, organizar todas as nossas coisas: bolsos, bolsas, armários, gavetas, até nossas contas e tarefas.

Falta de tempo para sorrir e ser feliz é, na realidade, falta de método e de organização. É preciso ter consciência disso, para poder progredir.

Grandes sábios já disseram: "Ama-te, conhece-te e cura-te." E o maior deles resumiu toda a sua doutrina neste mandamento, aparentemente tão simples de praticar: "Ama o próximo como a ti mesmo." Portanto, o referencial de amor somos nós mesmos: amemo-nos para que possamos nos conhecer, amar e ser amados, amar e viver a vida com amor no coração.

Se amarmos a nós mesmos, vamos agir naturalmente com razão e sabedoria. Propiciaremos um equilíbrio entre a cabeça e o coração, e sempre poderemos procurar fazer o melhor por nós - fazer o que nos dá muita alegria, bem-estar, prazer e felicidade.

A verdadeira alegria vem do nosso interior; é um atributo da liberdade da nossa alma, que aspira ao direito de ser feliz, de ser autêntica.

O Segredo do Iceberg

Nosso consciente representa a ponta do *iceberg*, ou seja, apenas de 5 a 10% das nossas potencialidades. Então, vamos procurar entrar mais em contato com o nosso inconsciente, cujo imo é positivo, construtivo e criativo, e que constitui mais de 90% das nossas potencialidades adormecidas - possibilidades de pensar, sentir, ser, estar, agir, realizar e viver.

Vamos utilizar mais os nossos dois hemisférios cerebrais e despertar nossa energia vital, nossas energias e forças interiores, pois o momento atual exige que exteriorizemos nossa fé, nossa criatividade e nossa coragem, para que sejamos mais alegres, felizes e sorridentes.

Dessa forma, a grande parte submersa do *iceberg*, que é o nosso inconsciente, vai poder emergir e tornar-se consciente, fazendo com que nos conheçamos mais profundamente e possamos seguir sorrindo o caminho da felicidade.

Nosso consciente é
apenas a ponta do *iceberg*.

Acendendo a Chama da Alegria

Se gastamos mais do que ganhamos, ficamos cheios de dívidas e, como "tristeza não paga dívida", o jeito é ter autoconfiança. Por isso, o melhor a fazer é reagir com todas as nossas forças interiores e físicas, seguindo o sábio ditado que diz "RIR É O MELHOR REMÉDIO". Além disso, sabemos que "quem ri mais vive mais" e" quem canta seus males espanta". E como gosto de assobiar, acrescento a esses ditados o meu lema: "Quem assobia seus males alivia." A alegria e o bom humor desopilam o fígado e todo o corpo e conferem mais fluidez aos líquidos orgânicos, os "humores", tornando-nos pessoas mais leves, dinâmicas, flexíveis e versáteis.

Portanto, "bem-aventurados os humoristas, as comédias e os comediantes"; bem-aventurados os "Doutores da Alegria", os contadores de piadas; bem-aventurados os palhaços, os bem-humorados e os que transmitem a alegria -principalmente aos necessitados, como os doentes, em casa ou internados. Porque, como diz Emmanuel, "o otimismo gera simpatia".

Vibração Positiva

A verdade é que a vida é doce, bela e muito prazerosa; é uma escola de infinitas lições, que nos leva para o caminho das boas atitudes, das boas ações, das qualidades e virtudes que devemos cultivar a cada dia.

Mas tratemos de tornar positivos os nossos pensamentos, para que o campo afetivo de nossos sentimentos e sensações seja da cor verde da esperança e da cor rosa do amor.

O otimismo e o positivismo nos guiam para tudo o que é bom, e já que "semelhante atrai semelhante", vamos melhorar nossas vibrações, atrair coisas e energias boas, para sorrir com alegria.

Pensar coisas boas para atrair coisas boas...

Os Hormônios da Alegria

Todos nós já observamos e sabemos que o bom humor é contagiante, provoca uma reação em cadeia e é capaz de desanuviar um ambiente carregado, trazendo alívio e um grande bem-estar.

Segundo Chamfort, "quando não se dá um sorriso, perde-se o dia". Se nós nos descontrairmos mais, poderemos dar bem mais que um sorriso, bem mais que uma boa risada ou uma gargalhada por dia, mantendo esse bem-estar por muito tempo.

O sorriso e o riso ativam e desencadeiam a produção e liberação de hormônios chamados "endorfinas", que são os mesmos produzidos quando fazemos exercícios e caminhadas (principalmente ao ar livre). Essas substâncias já estão até sendo chamadas de "hormônios da alegria e da felicidade", porque geram um grande bem-estar mental, físico e espiritual.

Então, vamos ver o lado alegre da vida, e sorrir e rir muito. "Querer é poder", e já disse um sábio que "sorrir na adversidade é privilégio dos fortes".

Vamos semear, cultivar e até cultuar as qualidades, as virtudes e os bons pensamentos e sentimentos. Dependendo da nossa ótica interior, da nossa visão, podemos ver o quanto a vida é bela, doce e suave. E o destino e o futuro estão em nossas mãos - basta semearmos as boas sementes para colhermos bons frutos na Árvore do Amanhã.

O Jogo do Contente

Vamos apreciar, admirar e curtir as coisas boas da vida, como fazem as crianças e os filósofos, que têm uma enorme curiosidade e se interessam por tudo, tentando saber o porquê das coisas, o porquê de tudo na vida. E façamos como a personagem-título do romance *Poliana* que, com o seu "jogo do contente", de tudo na vida tira uma lição de alegria e felicidade.

A alegria, a fé, a paz e a beleza das coisas estão dentro de nós. Devemos despertá-Ias para, com sabedoria, podermos exteriorizá-las na nossa vida diária para as pessoas necessitadas.

A alegria, a felicidade e o prazer geralmente estão nas coisas mais simples, como na beleza e no perfume de uma flor, no riso de uma criança, na visão de um arco-íris, no voo de um beija-flor, nos raios do sol, na luz do luar, no brilho das estrelas, na magia do amanhecer e do entardecer, no azul do céu, na calmaria das nuvens, no verde das montanhas, nas cachoeiras, na beleza das praias, no voo de uma gaivota, na revoada dos pássaros, no som penetrante da música, no canto da passarada, na poesia, na beleza da arte, na leitura dos livros, na brincadeira dos golfinhos, na alegria dos gatinhos, no aprendizado das lições, no dever cumprido, nos ideais realizados, na dedicação ao trabalho, na concretização dos sonhos, nas brincadeiras, no saber ouvir ao falar, na sinceridade, no gesto de solidariedade, no prazer de doar, na satisfação de fazer o bem, no nascimento dos animais, no nascimento de uma criança e no mágico momento de amar e receber amor.

Tudo isso é alegria e atrai a felicidade.

Vamos Ter Qualidade de Vida

Devemos levar uma vida saudável, em contato com nossa Mãe Natureza.

Com responsabilidade, vamos dar vazão à nossa liberdade de pensar, de sentir, de ser, de estar e de agir, fazendo tudo com amor, alegria e bom humor.

Vamos andar com os pés descalços na terra, respirar o ar puro, beber água da fonte, sentar ou deitar na relva, espreguiçar bocejando tal qual um felino, tomar banho duas vezes ao dia, comer calmamente saboreando os alimentos, caminhar mais de uma hora por dia, lançar mão de terapias naturais, fazer leituras saudáveis e positivas, assistir a palestras construtivas, divertirmo-nos nos finais de semana, relaxar principalmente antes de dormir e, sempre que possível, ter uma alimentação balanceada, com cereais, verduras, legumes, frutas, leite, ovos e carnes brancas.

Tudo isso alegra o nosso corpo e a nossa mente. Então, vamos fazer o melhor para ter a consciência tranqüila de que estamos fazendo o máximo para ter cada vez mais alegria e felicidade.

Eu me amo.

Chegou a Hora da Alegria

Pensemos agora em tudo o que é bom, em tudo de que gostamos, em tudo que na vida traz alegria e que pode inspirar felicidade e prazer de viver.

São muitas as coisas que nos fazem bem.

Usemos nossa imaginação porque ela tem força. Muito além do que pensamos, nós podemos realizar. Basta praticar o sorriso diante do espelho, ou com as pessoas amigas, com os familiares, conversando sobre coisas alegres ou contando piadas de bom gosto.

Está na hora de virar o disco, de dar uma guinada de 180 graus, para nos ligarmos ao pólo da alegria.

A alegria é uma energia boa, contagiante, que brota na nossa alma e irradia-se, banhando nossa mente e nosso corpo, nos fazendo sorrir. Ela não precisa vir de fora da gente.

Pensemos em tudo de bom que já fizemos na vida, em tudo de bom que fazemos ou queremos fazer por nós.

Pensemos em todas as alegrias que pretendemos ter na vida e mentalizemos todos os dias, a todo momento, pensamentos que só nos tragam o bem e tornem nossos sonhos realidade, para assim termos uma vida de alegria e felicidade.

Eu gosto de sorrir para mim.

Alegria, Alegria, Alegria

Alegria é uma emoção que vem da nossa alma. É gostosa de se sentir, nos descontrai, nos solta, nos exalta, nos relaxa e alivia nossas tensões; é estimulante e nos dá bem-estar; faz com que nos sintamos saudáveis, à vontade e prontos para descobrir o novo; ela nos valoriza, aumenta a nossa autoestima, deixando-nos mais contentes e sorridentes. A alegria nos dá

paz e aconchego; é um convite ao sossego, nos faz tão felizes que temos prazer em viver; e em ser simpáticos. Ela contagia as pessoas e levanta o astral; afasta todo o mal, desopila o fígado e todo o corpo; revigora a mente e revitaliza o nosso ser; atrai a felicidade e nos faz sentir mais jovens. Ela é de graça e é para se doar, porque pode ajudar as pessoas. Alivia e anima como um bálsamo de calma e paz, que nos faz sorrir e rir, e até gargalhar.

O Sorriso e o Riso

Os olhos são expressivos em todos os animais, mas no ser humano é a boca que nos faz atingir o ápice, a máxima expressão de beleza, no momento de um sorriso ou no clímax do beijo.

O sorriso e o riso são expressões e movimentos que revelam nossos sentimentos. Os principais músculos responsáveis por esses movimentos são o *zygomatic major*, que levanta o canto da boca, e o *orbicularis oris*, que ergue as bochechas, enrugando a pele em torno dos olhos.

Existem vários tipos de sorriso, tais como: o amarelo, o de aprovação, o de apoio, o de amizade, o banguela, o de boca fechada, o cínico, o comprometedor, o cordial, o de cumprimento, o de desaprovação, o desconfiado, o discreto, o falso, o de flerte, o forçado, o franco, o de lado, o largo, o constante, o político, o quebra-gelo, o verdadeiro, etc.

Quanto ao riso, existem, entre outros: o aberto, o alegre, o animalesco, o contagiante, o discreto, o infantil, o espontâneo, o exagerado, o forçado, o coletivo, o metralhadora, o solto, o relâmpago, o rápido, o ruidoso, o sardônico, o sério, o simples, o solitário, o tradicional, o vibrante. Observe que, entre os sorrisos e risos, existem os positivos e os negativos.

Vamos descrever alguns tipos de sorriso, sem esquecer que na Terapia do Riso só nos interessam os positivos:

amarelo: usado como máscara para não exibir emoções negativas e demonstrar vulnerabilidade; pode expressar reserva, e nesse caso é muito utilizado pelos orientais.

de boca fechada: próprio de pessoas que controlam o que dizem.
cordial: vem acompanhado de um levantar de sobrancelhas.
de cumprimento: acompanhado de um aceno de cabeça e um levantar de sobrancelhas.
de desaprovação: acompanhado de um gesto com a cabeça, exprimindo um "não".
falso: em geral é rápido, tipo "acende e apaga" e não provoca rugas de expressão ao.redor dos olhos; é assimétrico, pois o rosto fica imóvel.
de flerte: é o sorriso que vem acompanhado de um rápido levantar de sobrancelhas.
forçado: o exemplo clássico é o sorriso de fotografia, quando se fala "X".
tipo he, he, he: próprio de pessoas melancólicas.
tipo hu, hu, hu: em geral, é o sorriso dos misantropos, das pessoas anti-sociais.
de lado: é do tipo falso. A pessoa disfarça o sorriso para que o outro não o perceba.
solto: a pessoa quase morre de tanto rir, sente dores na barriga e relaxa a ponto de urinar nas calças...
político: sorriso de quem cerra e mostra os dentes para todos, olha para todos com ar de promessa, abraça todo mundo, dá tapinha nas costas, pega criança no colo, etc.
rápido: próprio de pessoas egoístas, pessimistas ou introvertidas.
ruidoso: demonstra falta de educação e de boas maneiras.
solitário: é o sorriso de quem ri sozinho, quando ninguém ri da piada

Tipos de Sorriso e Riso Terapêutico

Além dos já citados e de outros tantos que podem ser classificados como terapêuticos, apresentamos a seguir alguns sorrisos e risos positivos, que devem ser praticados:

O **sorriso de apoio,** de aprovação, é dado em formaturas, aniversários e outras ocasiões dignas de comemoração. Ele vem acompanhado de um balançar vertical da cabeça, e serve para dar confiança e motivação.

O **sorriso alegre** faz com que se levantem os cantos da boca, ergam-se as bochechas e as pálpebras fiquem semicerradas. Serve para despertar a alegria.

O **sorriso amigo,** tão bom nas aflições, pode ser acompanhado de um sacudir de ombros e de um tapinha nas costas. É um sorriso consolador, útil e bom para levantar o astral.

O **sorriso aberto** (tipo ha! ha! ha!), em geral próprio de pessoas extrovertidas, amigas, leais; serve para abrir o coração, para despertar a amizade, a simpatia.

O **sorriso animador** é propício para quando estamos em desalento ou quando é preciso despertar em nós ou nos outros o ânimo e a alegria de viver.

O **sorriso relaxante** é calmo, suave. É próprio de pessoas tranquilas. Serve para descontrair e inspirar serenidade.

O **sorriso verdadeiro** é demorado, simétrico, provocando rugas nas pálpebras; instala-se gradualmente e se vai lentamente, despertando sinceridade e confiança.

O **sorriso cordial** vem acompanhado de um levantar de sobrancelhas; inspira a polidez e demonstra boa educação.

O **sorriso discreto,** geralmente próprio de pessoas requintadas, dá a quem sorri um ar de classe e sofisticação.

O **sorriso quebra-gelo** serve para romper o silêncio, para vencer obstáculos, iniciar um assunto e estimular o relacionamento entre as pessoas.

O **sorriso largo,** próprio de pessoas abertas e generosas, demonstra franqueza e bondade.

O **riso infantil** desperta a criança interior, nosso eu emocional.

O **riso solto** é tão contagiante que há pessoas que chegam a molhar as calças de tanto rir.

O **riso constante** é próprio da pessoa que está sempre contente, irradiando satisfação, otimismo e demonstrando força de caráter.

O **riso ousado**, próprio de pessoas altivas, corajosas; desperta a coragem e a ousadia.

O **riso contagiante** ou **vibrante** é próprio de pessoas emotivas e otimistas; desperta o positivismo, a alegria e a vontade de rir também.

A Ética da Terapia do Riso

O sorriso e o riso, assim como o abraço ou o toque terapêutico, devem ser respeitosos e não ter conotação sexual.

Para exercer um efeito terapêutico ou relaxante, é preciso que o sorriso ou o riso seja positivo, isto é, seja realmente uma demonstração de espontaneidade, de alegria, de pureza e empatia, que nos contagie com uma sensação de bem-estar, felicidade, prazer e descontração.

São terapêuticos os risos afetuosos, amigos, animadores, alegres, de apoio, de aprovação; os verdadeiros, os cordiais, soltos, sinceros, relaxantes, de cumprimento, animadores, pacíficos, contagiantes, gostosos, exagerados, infantis, a risada e a gargalhada.

Assim como no momento em que respiramos todas as células do corpo respiram, quando sorrimos ou rimos todas as células do corpo sorriem e riem, e até a nossa energia vital sorri de alegria.

Então, vamos receber com amor o nosso sorriso e o momento de alegria que nos leva a rir, e vamos rir bastante, com gosto, irradiando a energia da alegria.

Sorrir ou Rir Só Faz Bem

O sorriso e o riso são gestos simples de linguagem universal, que abrem o semblante, fazem brilhar os olhos, relaxam a face, o corpo e a mente, despertam a alegria, exteriorizam nossa criança interior, melhoram a nossa saúde, desopilam nosso corpo, nos fortalecem, revigoram, nos deixam à vontade, nos descontraem, nos soltam, nos tornam sociáveis, aliviam nossas tensões, nos enchem de paz, liberam energias positivas e preenchem o nosso vazio interior; são uma demonstração de

O sorriso abre nossos caminhos...

amor por nós mesmos. Eles nos valorizam, nos enaltecem, nos tornam simpáticos e comunicativos. Como uma bandeira de paz, derrubam muralhas, quebrando o gelo até de um *iceberg;* abrem nossos caminhos, abrem-nos portas e corações; são uma doação de alegria, são de graça e gratificantes. Eles nos deixam felizes, cheios de prazer de viver; deixam lembranças agradáveis, transmitem alegria e felicidade.

O Amor, a Alegria e o Riso

A vida foi gerada com Amor e Alegria.

Estamos todos unidos harmonicamente pela energia do mais Sublime Amor.

Assim como devemos exteriorizar nossas opiniões, é preciso que expressemos nossa alegria.

A alegria traz felicidade, traz o sorriso e o riso, que são a sua mais pura manifestação.

O sorriso é gratuito, não custa nada, mas vale muito, vale mais que dinheiro, vale ouro. Vale muito porque nós também valemos muito, principalmente quando despertamos nossas virtudes e qualidades.

O riso é um raio de luz que nos contagia e pode contagiar todas as outras pessoas.

A alegria é uma energia positiva que brilha nos corações sorridentes. E ficamos contentes, satisfeitos, prazerosos com a vida, que passa a nos sorrir. E como é gostoso rir a valer.

Tem gente que, às vezes, ri tanto que chega a perder o fôlego.

E tem gente que ri tanto, tanto, que chega a chorar de rir.

Então, vamos pensar em tudo o que é engraçado, seja do presente, seja do passado.

Chega de Buá! Buá! A Hora é de Há! Há! Há!

Não podemos deixar de render nossas homenagens ao pranto. Como diz um sábio, "o choro é a válvula de escape do coração". Quando necessário, devemos deixar as lágrimas correr, porque muitas vezes a lágrima é uma tempestade que limpa o nosso céu interior e lava a nossa alma, exercendo um efeito terapêutico sobre o nosso corpo.

Mais valem alguns momentos de pranto do que dias de tristeza e infelicidade. E é bom lembrar que "após a tempestade sempre vem a bonança", confirmando o que diz Gibran: "Do mesmo poço onde nasce a tristeza, nasce a alegria." E aí o jeito é voltar a sorrir e a rir pra valer, pois é muito saudável a gente rir bem gostoso, porque isso desperta a nossa alegria adormecida.

Homem que é homem chora.

É Hora de Quá! Quá! Quá!

O efeito sonoro do riso se propaga e, se for um riso gostoso, contagia tudo à sua volta – todo mundo pode "cair" no riso e dar umas boas gargalhadas.

Assim, todos os dias devem ser de riso e alegria.

Vocês já pensaram que bom será quando todas as pessoas do mundo se renderem ao riso, em comemoração e homenagem à alegria de viver?

Para isso, a imaginação tem muita força. Então, sem fugir da realidade, vamos ter sempre pensamentos positivos, para não plasmar nada de ruim na nossa vida, sejam palavras, pensamentos, sentimentos ou ações.

Vamos procurar ver o lado bom da vida e viver bem, almejando e semeando o bem, para concretizarmos todos os ideais que nos trarão alegrias.

Apesar dos momentos
de tristeza, a vida é bela.

Dormir e Acordar com Alegria

Antes de dormir, conversemos com nós mesmos, façamos uma avaliação positiva do nosso dia, avaliemos tudo o que fizemos de bom e o que poderemos fazer de melhor no dia seguinte. Depois, relaxemos respirando calma, suave e serenamente, captando as boas energias do Universo, e mentalizando com alegria e amor o nosso bem e o bem da humanidade. Então vamos dormir em paz, com a nossa consciência bem tranquila, porque amanhã é um novo dia.

Ao acordar, alonguemo-nos, espreguicemo-nos, bocejemos e visualizemos coisas boas para o nosso dia, levantando da cama com bons pensamentos, boas vibrações e alegria. Olhemos para o céu, olhemos para o sol, olhemo-nos no espelho.

Vamos nos dar um bom dia e sorrir para nós mesmos. Vamos treinar o nosso sorriso sorrindo para tudo à nossa volta.

E nós, que exercitamos tantas coisas na vida, vamos treinar e praticar o sorriso e o riso, o que é muito saudável. E vamos conversar com a gente mesmo, projetando, planejando e programando o nosso dia, para que ele seja de paz, alegria e realizações.

Assim sendo, sorria muito, sorria sempre, ria muito e ria a valer, pois quando temos alegria no coração, atraímos tudo o que nos dá satisfação e felicidade.

E que bom é ser feliz!

Fazendo um exame de consciência...

Bom dia para mim,
bom dia para tudo
e para todos!

A Verdadeira Riqueza é a Espiritual

Quem não sorri ou não ri não se ama.

Muita gente diz que, se tivesse riqueza, seria alegre e feliz. Se dinheiro trouxesse felicidade, todos os ricos seriam felizes. No entanto, o que se vê é exatamente o contrário, pois felizes são só os ricos que fazem da riqueza uma fonte de bem e de realizações, não só para si como para os outros. De nada adianta a fortuna quando vem uma doença, e o infortúnio arrebata tudo. A saúde, sim, é uma enorme riqueza que, aliada à fé e à confiança, nos permite batalhar e conseguir tudo na vida, tudo o que traz a verdadeira alegria e a felicidade.

O importante é o amor por nós mesmos, a autoestima, a autovalorização e o cultivo das virtudes, visando o aprendizado, o crescimento e a evolução. Descobrir o sentido da vida e viver intensamente o aqui e agora, o momento presente, que é o maior presente que recebemos da Vida.

Vamos cantar, dançar, rir, trabalhar, ler, exercitar, viajar, crescer, evoluir e viver com muito amor por nós mesmos, muito amor pela vida, para que ela seja cheia de alegria, sorrisos e risos.

Vivamos com alegria, mantenhamos sempre o alto astral, cultivemos sempre o bom humor e vamos sorrir e rir sempre, transmitindo alegria, paz e amor.

Viver com amor no coração é bom demais!

Levando Alegria aos Necessitados

Disse Shakespeare: "Enquanto há vida, há esperança."

Seja no consultório, numa visita em casa ou no hospital, vamos levar um sorriso de alegria, amizade, apoio, atenção, bom humor, afeto, fé e esperança aos enfermos, que precisam tanto de ânimo e de um gesto de conforto.

Está comprovado o grande valor da visita às pessoas doentes, e também àquelas que se encontram em asilos, creches e

orfanatos, sejam crianças, adolescentes, adultos ou idosos, que geralmente são abandonados pela família e pela sociedade e, nessas horas tão difíceis, precisam de um olhar amigo, de um toque afetuoso, de um abraço encorajador, de um fio de esperança e de um sorriso animador.

Como é importante nessas horas saber ouvir e ter uma conversa agradável, amável e positiva, que desperte nesses corações verdadeiramente carentes a esperança e a alegria de viver.

Portanto, vamos deixar nossa inércia de lado e agir, porque se cada um de nós fizer a sua parte, este mundo será bem melhor.

A Finalidade é a Alegria de Viver

Finalizando, o que importa é a alegria no coração, a paz de espírito, a felicidade da alma e o prazer de viver, porque quem se ama sorri para si mesmo, e quem sorri para si mesmo pode sorrir e rir para outrem. A alegria está em nós e no universo.

O sorriso deixa a pessoa mais bonita,
mais jovem e mais saudável.

Como é gostoso o sorriso ou a risada de um bebê...

Sorrir é se amar, é dizer "sim" a si mesmo e à vida...

Que tal aprender a contar piadas sadias...

Sorrir é como tirar alguém para dançar:
— Você me dá a honra de sorrir comigo?

O sorriso é uma linguagem universal, um aceno com a bandeira da paz...

Vamos abraçar a nós mesmos e sorrir com amor...

O sorriso pode unir todas as pessoas, pois a Alegria é filha do Amor.

Sorrir e rir só fazem bem...

...e podem transformar a sua vida.

Dicas para uma Vida de Alegria e Felicidade

Ame-se, estime-se e valorize-se.
Cultive sempre o bom humor.
Viva com a paz na consciência.
Com entusiasmo, viva o presente.
Cultive e pratique o Bem.
Fale de assuntos alegres, conte piadas sadias.
Dê um sentido positivo e de qualidade à vida.
Tenha sempre atitudes positivas perante tudo.
Não guarde rancor, não tenha explosões,
pois conversando é que a gente se entende.
Sorria muito, sorria sempre.

O Autor

Formado em Medicina pela Universidade Federal de Juiz de Fora, Minas Gerais, o dr. Eduardo Lambert também é pós-graduado em Homeopatia pela Associação Paulista de Homeopatia e especialista em Terapias Holísticas. Por sua experiência em clínica geral, homeopatia, bioenergização, nutrição, medicina ortomolecular, relaxamento e outras terapias holísticas, o dr. Lambert é frequentemente convidado para apresentar seus trabalhos em congressos e encontros da área médica e de saúde, além de dar entrevistas para programas de rádio e TV e para jornais e revistas como *Jornal da Tarde*, *Metrô News*, *Marie Claire*, *Claudia*, *Nova Era* e outros.

Autor de *Matéria Médica e Terapia Floral do Dr. Bach*, *Os Estados Afetivos e os Remédios Florais do Dr. Bach* e *Pensamentos de Luz*, publicados pela Editora Pensamento.

Consultório: Rua Dr. Tirso Martins, 100 - Cj. 206
Vila Mariana - São Paulo/SP - 04120-050
Tels. (11) 5539-4468 (consultório)

(11) 5573-8453 (residência)
E-mail: edulambert@yahoo.com.br ou
edualambert@hotmail.com